AF613899

LE PÈRE ROBERT

MARCHAND DE MACARONS

ANCIEN DIRECTEUR

DU BAL DES FOLIES-ROBERT

Sa vie racontée par lui-même.

PARIS
IMPRIMERIE TYPOGRAPHIQUE ROBERT ET BUHL
28, rue du Poirier (Montmartre)

1879

LE PÈRE ROBERT

MARCHAND DE MACARONS

ANCIEN DIRECTEUR

DU BAL DES FOLIES-ROBERT

Sa vie racontée par lui-même.

PARIS
IMPRIMERIE TYPOGRAPHIQUE ROBERT ET BUHL
28, rue du Poirier (Montmartre)

—

1879

LE

PÈRE ROBERT

MARCHAND DE MACARONS

ANCIEN DIRECTEUR

DU BAL DES FOLIES-ROBERT

Sa Vie racontée par lui-même

Qui ne connaît dans Montmartre le père Robert et sa boîte ; tous les soirs on peut nous voir l'un portant l'autre, entrer dans les principaux bals, cafés, etc , pour y faire tirer des macarons.

Souvent, dans la conversation, j'ai laissé échapper des réflexions sur ma vie passée et chaque fois il m'a fallu m'expliquer plus longuement pour satisfaire la curiosité de mes clients. Aussi, est-ce dans le but de faire plaisir à tous ceux qui chaque jour m'aident dans mon petit commerce, que je me suis décidé à faire imprimer mes mémoires.

Beaucoup de monde ignore que le joyeux père

Robert a été pendant longtemps l'ordonnateur des plaisirs publics dans un établissement alors en grande vogue et qui s'appelait le ***Bal des Folies Robert;*** pour la jeune génération, ce bal n'existe qu'à l'état de légende, mais pour le faire revivre un instant, je ne puis pas mieux faire que de placer sous les yeux de mes lecteurs ce qu'écrivait en 1861 Tony Fanfan dans son ouvrage de : ***Paris qui danse;*** voici donc comment s'exprimait l'auteur en question.

Les Mémoires de Robert racontés par lui-même

Dès que le premier coup d'archet a retenti, — quand les premiers groupes de danseurs et de danseuses, timides comme des couples de colombes, hésitent à se mettre en branle, — vous voyez un homme s'élancer ou plutôt tomber au milieu du bal, pareil à la trombe et à l'éclair...

Ainsi Napoléon tombait sur son armée !...

Quel est cet homme vêtu de noir de la tête aux pieds comme un gentleman de la Chambre haute... Soyez sans crainte !... cet aspect sévère n'est qu'une coquetterie de plus, car au lieu d'être un symbole de deuil, il ne se montre ici que comme un emblême de plaisir. L'habit noir est un adroit contraste qui ne sert qu'à faire ressortir l'entrain, la gaieté et la dextérité de celui qui le porte si gaillardement en vous criant d'une voix de Stentor : « *Des danseurs ! des danseurs ! des danseurs ! des danseurs !...* »

Il vous dirait avec ce ton hilare et d'emporte-pièce qui n'appartient qu'à lui : « Messieurs les parents, l'enterrement est prêt..., » qu'on croirait — parole d'honneur ! — qu'il vous invite à une noce.

Du premier coup d'œil vous voyez qu'au lieu d'un ordonnateur de pompes funèbres, c'est un ordonnateur de fêtes et de plaisirs qui vous invite du ton le plus charmant à mener gaiement cette existence.

Vous regardez de plus près celui qui vous adresse cette agréable *invite*, et vous vous sentez de plus en plus empoigné par l'accentuation particulière de sa physionomie. Vous y découvrez, en effet, une mobilité de traits extraordinaire ; on dirait que chacun des muscles de la figure lutte d'agilité avec l'intrépidité des jambes et brûle de danser un rigodon. Chacun d'eux semble un instrument d'orchestre mis en mouvement par le clignottement des yeux, malins comme des yeux de Pierrot des Ardennes. Ces yeux sont à la fois les cymbales, le triangle et le chapeau chinois de cet orchestre. Ce masque rappelle le masque enfariné de Debureau, plein d'élasticité et d'expression ; et, pour comble de ressemblance, il est légèrement timbré de petite vérole ; on dirait d'un crible joyeux dont chacun des trous laisse filtrer un sourire ou une échappée de lumière.

Regardez-le passer, cet homme, au milieu de son bal, vous vous demandez si c'est un gnôme, un sylphe, ou un diable dont les jambes sont coulées en vif-argent; car il saute, il remue, il trépigne plus qu'un diable en eau bénite ou un saint dans une friture d'enfer.

Encore une fois, quel est ce sylphe en habit noir?,..

La foule se charge de vous répondre... Ecoutez l'armée des danseurs vous jeter par acclamations le cri de : *vive Robert*! quand il vient à passer sur le front de bandière des quadrilles.

Robert de qui ?... Robert de quoi ?...

Et parbleu !... Robert, le directeur des Folies !... Robert le danseur !...

Après Robert, duc de Normandie, Robert le Diable et tant d'autres Roberts illustrés depuis Robert-mon-oncle, pourquoi n'aurions-nous pas Robertde Rochechouart, empereur et roi de toutes les folies ?

Comme tous les hommes qui ont su devenir les fils de leurs œuvres, le directeur des *Folies-Robert* a parcouru une existence des plus curieuses dont les traits saillants méritent d'être notés en passant.

Gilles Robert, directeur des Folies de ce nom, est né à Paris le 6 janvier 1818...

Je ne sais s'il existe une planète de Terpsichore... Si M. Leverrier veut se donner la peine de chausser ses meilleures lunettes et se faire aider par le médecin d'Orgères, il la découvrira probablement, car il est indubitable que Gilles Robert est né sous son influence...

Voici sur quels faits nous basons cette assertion que nous ne craignons pas de hasarder avec toute assurance...

Lorsque Gilles vint au monde,
Il était tout nu ;
D'une façon peu féconde
Il fut revêtu ;
Puis, des pieds jusqu'à la tête
On l'emmaillota ;
Combien d' gens, depuis Jean Bête,
Sont v'nus au monde comm' ça !...

Mais le petit Gilles ne fut pas sitôt emmailloté que... cric! crac!... en deux coups de jarrêt, il vous rompit ses langes et ses drapeaux, et qu'il les envoya promener au diable. Sa nourrice remarqua alors qu'il imitait avec ses petites jambes des chassés-croisés et qu'il dessinait avec ses petits pieds des figures chorégraphiques...

La nourrice prétendit que le ménétrier du village lui avait jeté un sort.

On doit plutôt croire que le petit Gilles était né sous l'influence de la planète de Terpsichore et que le démon de la danse avait accaparé sa destinée.

« Il gambille toujours quand je lui donne le sein, disait la pauvre nourrice désolée, qui ne savait plus à quel *sein* se vouer. »

Nous tenons ces renseignements de la nourrice elle-même, qui a bien voulu nous les communiquer.

C'est Robert, en personne, qui se charge de les compléter en vous racontant ce qui lui est arrivé depuis l'époque de son sevrage.

A tout seigneur tout honneur. Laissons-lui galamment la parole :

« A peine fus-je sevré, on m'apprit à lire sur une tartine de pain sec accompagnée d'une gousse d'ail, ou de ce que nous appelons à Paris *une côtelette de bijoutier*, et à Montmartre deux liards de fromage à la pie...

» Mon père, qui avait vu pendre dans son temps,

et qui voulait faire de moi un honnête homme plutôt qu'un pendard, me plaça chez un cordier, à seule fin de m'apprendre comment se fabriquaient les cordes avec lesquelles on accrochait de son temps à une potence.

» Malheureusement, nous naissons tous avec un défaut de nature, et le mien me tenait dans les jambes. N'allez pas croire que j'y avais des varices, bien au contraire, j'ai toujours détesté l'*avarice*...

(Ici Robert rit à se tordre les côtes, du satané calembour... J'allais faire comme lui, quand il continua :)

» Plût au ciel que la varice m'eût attaqué les mollets, car alors la danse n'aurait pas fait le malheur ou le bonheur de ma vie, comme on voudra... J'étais donc chez le cordier, quand mon patron s'aperçut qu'en lâchant le chanvre et en tordant la corde, au lieu de me balancer sur une jambe, puis sur une autre, ainsi que le veut le métier, j'avais une tendance à m'envoler comme un papillon ou comme un simple hanneton qui bat des ailes pendant une heure avant de se décider. Moi, je passais mon temps à battre des entrechats et des ailes de pigeon. D'autres fois, emporté par je ne sais quoi qui me remuait dans le ventre, je criais au cordier : « En avant deux ! patron ! » Le patron, qui passait pour le plus fort médecin du quartier, me renvoya chez papa en disant que j'avais des vers dans les jambes ou une fêlure au cerveau.

« Papa me fit entrer, pour changer, dans une fabrique de papiers peints, espérant que je pourrais devenir grand peintre et exposer un jour au salon. Moi, je préférais le salon du *Grand Vainqueur*, à tous les autres salons du monde.

» Ça m'embêtait de voir toujours des chasseurs, des cerfs, des chiens, ou bien des chiens, des chasseurs et des cerfs sur leurs grands diables de rouleaux de papier vert ; ou bien encore des dames à leur balcon et des pinceurs de guitare en bas... C'était monotome... Je voulais faire une révolution dans les papiers peints... Justement on était en 1830 !... Je mis du fusain dans ma poche avec de la craie, je barbouillai de noir les rouleaux qu'on me donnait à porter au magasin, et je dessinai dessus, en blanc, des bals de barrière avec des danseurs de toutes sortes et des buveurs de *petit-bleu*. Ce nouveau genre ne prit pas ? c'était le moment des Lafayette et des chevaux blancs. Le directeur de la fabrique, voyant comment je travaillais, me pria de passer dehors... Et de deux !...

» Le père Robert me traita de dévergondé, de propre à rien, de Pont-d'Arcole et de dépaveur de la Grève.... Il me plaça chez un *gnaf* en qualité d'apprenti, sous prétexte de me donner un état posé et sédentaire, sans se douter que me faire piquer du tabouret, c'était vouloir ma mort. Je n'étais pas né pour le *baquet à la science* et je le prouvais bien en me servant de mon alène comme d'une épée pour conduire Charles X à Rambouillet.

» Par bonheur, j'avais remarqué que le gnaf mon patron avait pour spécialité la confection des chaussures de mariés. Moi aussi j'avais ma spécialité et, comme on dit, mon bœuf dans la tête ou plutôt dans les jambes, car, entre nous, je crois que j'ai toujours eu la cervelle dans les mollets.... Qu'est-ce que je fais ?... Moi, pas bête, la veille de l'hymen, je m'en allais trouver les prétendus et je me faisais inviter au bal de noces et même au festin, où l'on se montrait presque toujours content de moi. Le lendemain, j'avais fortement mal aux cheveux des coups de piqueton et de rigodon de la veille, mais bast ! j'avais le cœur sans souci et les jambes légères ; et, comme disait le vieux gnaf mon général, contentement passe richesse !

» Ça ne faisait pas l'affaire du Saint-Crépin, qui

n'était pas aussi philosophe qu'il en avait l'air. Il me ferma la porte de son échoppe, sous prétexte que je tirais mieux la savate que la manique.

» De colère, le père Robert me recommanda à un tourneur son voisin qui avait la main leste et qui se flattait de m'apprendre son métier de gré ou de force. Mais s'il avait la main leste, j'avais le pied plus leste encore. A peine avait-il tourné le dos, qu'au lieu de tourner des bâtons de chaise, je quittais la mienne et je me mettais à tourner un air de valse ou à pincer un avant-deux.

» J'en fis tant et tant que papa Robert, n'ý pouvant plus tenir, en passa par où je voulais et me mit entre les mains ou plutôt entre les jambes de M. Salvart, maître de danse et de belles manières.

» Au bout de dix-huit mois, j'avais fait de tels progrès que mon professeur n'en revenait pas. En effet, je devins bientôt prévôt de danse aux *Deux-Moulins* et à la *Belle-Moissonneuse*.

» Mais tout cela ne mettait pas beaucoup de tabac dans mon gousset, et je voyais bien que je fumais à vide dans la pipe de la gloire. L'hiver venait, je voulus me faire compagnon menuisier, mais le bois me paraissait trop mou ; j'ai toujours préféré les métaux durs, le fer, par exemple. J'allai trouver un serrurier. Il ne me reçut pas d'un ton commode.

— Quest-ce que vous faisiez pendant l'été ? me demanda-t-il.

— Ma foi, je dansais....

— Vous dansiez ?... un état de *feignant*.... Quand on tricote des jambes, c'est qu'on a un poil dans la main.... Comment voulez-vous forger à c' t'heure ?.... Vous dansiez ?.... Eh bien chantez à présent....

» Le brave homme ne se prêta pas moins à la circonstance et moi aussi.... J'appris son état de mon mieux, et bientôt je me vis assez fort pour entreprendre mon tour de France....

» En 1837, j'arrive à Marseille, où je me mets à travailler pendant quinze mois chez un mécanicien. Là je fais la connaissance d'un lieutenant à bord du *Scamandre*, navire à vapeur qui faisait le service des postes de Marseille à Constantinople. J'en profite pour passer en Corse, à Livourne, à Civita-Vecchia et, de là, à Naples. Ensuite nous faisons voile pour la mer Noire, et je visite Constantinople. Pendant environ dix-huit mois de navigation, je m'étais exercé à fabriquer des poupées mécaniques et des danseurs à la Vaucanson, dont profitèrent des constructeurs d'orgues de Barbarie.

« Le mal du pays commençait à me gagner; j'avais besoin de revoir la France. A la première occasion je revins à Marseille, et je dis pour tout de bon adieu à la navigation. Prenant un passe-port pour Lyon, j'entrai bientôt dans le service des gondoles à vapeurs en qualité de chauffeur ajusteur. Nous faisions le voyage de Lyon à Châlon.

C'était dans le terrible moment des grandes inondations de 1840. Parti avec sept hommes d'équipage et les autorités de la ville de Châlon, nous passâmes trois jours et trois nuits à sauver le monde des villages qui se trouvaient en contre-bas des hauteurs. Notre conduite fut citée dans les journaux de ces diverses localités, et, quand il s'agit de nous récompenser, comme on ne pouvait nous donner à tous la croix d'honneur, ce fut le patron de l'équipage qui fut décoré en notre nom.

« Après avoir donné ma démission de chauffeur, je revins à Paris pour entrer dans une fabrique de fers creux, où je restai pendant sept ans. Puis, je devins ouvrier au chemin de fer du Nord, mais l'idée de la danse me poursuivait toujours, à tel point que, me cachant de mes supérieurs, je donnais des leçons de danse jusque dans les wagons à mes compagnons.

« La révolution de 1848 me trouva ouvrier et maître de danse. Je me vis bientôt à la tête de dix-huit élèves, ce qui m'engagea à monter un bal, après, après avoir tenu un cours de danse rue Lamartine. Ne voulant pas faire tort aux musiciens de mon orchestre, j'attendais les jours de ma paye d'ouvrier pour solder d'avance.

« Bref, je vins au *Jardin de l'Amitié*, boulevard Rochechouart, n° 18, où je louai un grand terrain de 700 mètres, pour y installer une salle de Bal appelées *les Folies-Robert*. C'est ainsi que le Bal dont je vous ai parlé fut monté en trente-cinq jours par trente-cinq ouvriers. Il fut inauguré le 29 décembre 1856, en plein hiver, dans un salon sans portes ni fenêtres, par un bal gratis où la foule se porta en masse. Depuis, elle n'a cessé d'y accourir avec empressement.

« Que de mal il m'a fallu pour en arriver là ?... L'ouvrage m'ayant manqué comme serrurier-mécanicien, je m'étais fais tour à tour marchand de bric-à-brac, revendeur de livres et fabricant de petites chapelles en bois pour les tombes. Le jour, je travaillais pour les cimetières, et, le soir, j'enseignais à danser. C'est ainsi, en voyant la vie sous ses deux faces, que je suis devenu philosophe et maître de danse. »

A force de remuer bras et jambes, Robert s'est rendu un compte exacte des procédés gymnastiques ; à force des les étudier dans des exercices de danse, il a fini par les appliquer à l'art de la natation.

On a beaucoup ri de ce mot d'un marquis : « Je ne me mettrai jamais à l'eau avant de savoir nager. » En effet, il a paru jusqu'ici impossible d'apprendre à nager sans opérer dans l'eau et cependant Robert a vaincu cette difficulté réputée insurmontable ; il a résolu le problème. Au moyen d'un appareil mécanique, Robert se fait fort d'apprendre à nager en *trois heures* aux gens les plus rétifs et les plus maladroits. Robert n'exige de rétribution pour ses leçons qu'autant qu'on est sûr de savoir nager.

Ces *Mémoires* ne seraient pas complets si nous ne révélions pas la façon dont Robert s'introduisit *gratis* pendant dix ans au bal de l'Opéra, dans ses temps de mauvaise fortune, pour s'y mettre au courant des progrès des danses de caractère. Le génie chorégraphique qui le posséda de tout temps lui suggéra l'idée de se déguiser en femme pour jouir, sans bourse délier, de ses entrées au bal de l'Opéra.

Un major anglais le prit une nuit pour une danseuse du corps de ballet, lui proposa un fin souper arrosé de Château-Laffitte revenu des Indes, et ne s'aperçut de sa méprise qu'au moment d'ouvrir les huîtres. Ce quiproquo lui plut infiniment; il prit Robert pour maître de danse, et ne le paya pas moins d'une guinée par chaque heure de leçon.

Robert a amassé depuis un petit magot d'environ mille livres sterling, qui a servi à embellir le bal des *Folies* qui porte son nom.

Gilles Robert est né boute-en-train et mourra boute-en-train. Nous en avons bien eu la preuve dans une partie de campagne faite à Marcoussy, près Palaiseau, où il avait entraîné une partie des notabilités de Montmartre.

M. M***, propriétaire de plusieurs journaux de modes agréablement rédigés, avait fait à ses invités, avec une grâce parfaite, les honneurs de sa ferme modèle. Ce jour-là elle devint, grâce à Robert, une véritable académie de danses et de joyeusetés. On dansa dans une prairie au son du cor et du flageolet. Rien ne manqua à la fête, pas même une scène des plus comiques, digne d'être retracée par l'amusante plume de Paul de Kock.

On vit le grand monsieur qui jouait du flageolet

(un architecte, je crois), disparaître comme par enchantement dans un tonneau sur lequel il était monté, et qui eut la malice de se défoncer.

Robert, sans se déconcerter, sauva le grand monsieur en se coiffant du tonneau, au grand ébahissement de tous les spectateurs. Il tira parti de l'accident en créant un pas de caractère qui prendra place dans l'histoire de la chorégraphie sous le nom de *Pas du tonneau*.

Le soir, quand on voulut rentrer chez soi, chacun des invités dansait le pas de la bouteille, autrement dit la polka titubante de Bacchus. C'était Robert, qui, à lui seul, servait d'orchestre et d'appeleur tout à la fois.

Là se terminent les emprunts faits au livre de Tony Fanfan ; je dois dire avant de continuer qu'un musicien, alors au début de sa carrière, mais qui depuis est devenu célèbre. M. O. Métra avait composé un quadrille portant pour titre : *Mémoires de Robert*, et il m'en avait offert la dédicace.

Grâce à l'animation que je savais donner à mes soirées, le Bal des Folies-Robert a continué à jouir d'un très grand succès, et jusqu'en 1865 c'était le rendez-vous de tous les amateurs de la franche gaieté ; cependant tout le monde a des envieux et j'en fis la triste expérience. Par suite de calomnies et de manœuvres déloyales on réussit à me faire fermer mon établissement, bien qu'il n'y ait eu aucune plainte et aucun rapport contre moi.

Ayant par ce fait été privé de mes moyens d'existence, je fus forcé de mettre au Mont-de-Piété ou de vendre mes effets, puis je me suis mis brocanteur. Un peu plus tard, à St-Ouen, au 607, dans la maison Barbeça je remontai un bal, mais la persistance du mauvais temps pendant six mois me fit échouer dans cette nouvelle tentative et je fus forcé de reprendre le métier de serrurier ; peu après je réussis à me faire nommer gérant du bal du Château-Rouge, position que j'ai occupée pendant trois ans.

Après avoir quitté le Château-Rouge, je pris la suite d'affaires de M. Drian, et c'est depuis cette époque que j'ai vu fleurir le commerce des macarons ; cela me permit en visitant les établissements publics, d'assister à la chute progressive de mon pauvre Bal des Folies qui avait été réouvert sous le patronage de ceux qui avaient contribué à me nuire.

La profession de Marchand de Mararons n'étant pas assez lucrative, je pris une place au marché de Saint-Pierre, à Montmartre, sous le numéro 265 et j'y resterai pendant cinq ans.

En 1870 pendant la guerre, une émotion me fit

tomber malade d'une pleurésie compliquée de la goutte sciatique. Je restai pendant six mois à l'hospice de la Pitié, après quoi je repris ma médaille de brocanteur, profession que j'exerce encore pendant le jour.

Le soir quittant les bric-à-bracs, on me voit entrer en sautillant dans les cafés, brasseries, bals, etc., et crier d'un ton de bonne humeur : *Qui veut faire la partie, Messieurs et Mesdames, un sou la partie, des macarons à la vanille et au citron.* Il es probable que je terminerai ma vie dans cette dernière profession, à moins de nouvelles tribulations toutefois, car j'en ai tant vu que rien ne peut plus me surprendre.

En tous cas une chose a survécu à tous mes désastres, c'est ma gaieté, celle-ci n'a pu m'être enlèvée et m'a soutenu dans les moments critiques dont ma vie a été émaillée.

Un auteur anglais a dit quelque part que les danseurs vivent 107 ans ; en ma qualité de professeur de chorégraphie, je dois jouir du même privilége, par suite Montmartre peut espérer me voir encore de nombreuses années et j'ai le temps de me préparer à passer la barque à Caron. Cependant, comme je ne crois pas avoir à écrire une troisième fois l'histoire de ma vie, je profite de l'occasion pour prier mes lecteurs de considérer ceci comme une invitation à assister à mes convoi, service et inhumation, qui d'après l'auteur anglais, doivent avoir lieu et l'an de grâce 1907.

De profundis Robertus Macaronis.

En attendant ce moment critique, qui pour moi sera la fin du monde, comme il faut vivre, je donne toujours, malgré mon âge, des leçons de danse, et toutes les personnes qui voudront m'honorer de leur confiance peuvent être assurées qu'elles trouveront en moi un professeur aussi zélé qu'expert et qui leur enseignera l'art de se démener avec grâce dans les quadrilles, polka, etc., etc : En outre, si mes élèves veulent prendre la peine d'étudier leur professeur, ils pourront apprendre l'art encore beaucoup plus difficile de recevoir, avec le sourire aux lèvres, les coups de l'adversité.

Comme je l'ai déjà dit, le soir je fais ma tournée aux macarons et voici la liste des principaux établissements qui veulent bien m'autoriser à visiter leur clientèle.

Bals.

Château-Rouge, rue de Clignancourt, 42 et 44. —Les mercredi et vendredi grandes soirées et fêtes de nuit, avec courses aux canards et aux sangliers, promenades sur le lac, jeux divers, brillantes illuminations et feu d'artifice dans le jardin ; lundi, soirée dansante ; dimanche, bals de jour et de nuit.

Élysée-Montmartre, boulevard Rochechouart, 80. Ravissant jardin, parfaitement ombragé. Bals les dimanche, mardi, jeudi et samedi.

La Boule-Noire, boulevard Rochechouart, 120. — Bals dimanche, lundi, jeudi, samedi.

La Reine-Blanche, boulevard Clichy, 88. — Bals dimanche, lundi, mercredi, vendredi.

Le Grand-Turc, boulevard Ornano, 12. — Bals dimanche, lundi, jeudi. Grande Brasserie dans l'établissement.

Le Moulin de la Galette, tenu par M. Debray. — Bals dimanche, lundi et jeudi, de 3 à 7 heures de l'après-midi ; jeux divers, grand jardin et splendide point de vue.

Bal Buffet, rue des Martyrs, 69. — Bals dimanche, lundi, jeudi et samedi.

GALAMART, boulevard de la Chapelle, 124. Bal musette tous les jours.

Concerts, Restaurants, Cafés, Brasseries, Commerces de Vin et Liqueurs.

Grand café du Delta, boulevard Rochechouart, 17. — Vaste établissement, quinze billards.

Café des Deux-Ponts, rue Clignancourt, 17. — Déjeûners et dîners, soupe à l'oignon tous les jours. Grand jardin. Rendez-vous les jours de bal au Château-Rouge et à l'Elysée. — FORTUNÉ, ancien gérant du Château-Rouge, propriétaire.

Aux Deux-Maronniers, boulevard Rochechouard, 38. — ERNST, grand commerce de vins et liqueurs.

Pouillande, place Rochechouart, 19.

Petit Ramponneau, rue de Clignancourt, 5.— MAILLARD, marchand de vins traiteur.

Café du Petit-Ramponneau, rue de Clignancourt, 5. — GOURG.

Distillerie de la chaussée Clignanconrt, rue de Clignancourt, 16. — L. BOULANGER.

Au rocher suisse, DODAIN, rue de la Fontenelle, 27, Montmartre, — Noces et festins, grand jardin.

DENAPLE, rue de Clignancourt, 4. — Restaurant, rôtisserie.

Concert du Progrès, rue de Clignancourt, 9. Tous les soirs, grand concert.

Vins et liqueurs, chambres meublées, boulevard Rochechouart, 22.

JULES SÉBAUT, boulevard de Clichy, 2. — Marchand de vin, restaurateur.

LAUER (Charles), 8, rue de la Nation et rue Condorcet, 57 — Brasserie.

Café Charles, boulevard Ornano, 2. — POUTEN, propriétaire.

Brasserie de la Boule-Noire, 120, boulevard Rochechouart.

Grande brasserie du Petit-Château-Rouge, AUGUSTE, rue Christiani 11. — 8 billards, le grand bock, 20 centimes.

Aux chevaliers de la Table, boulevard Ornano, 6. — Restaurant, noces et festins.

RAYMOND BIRONNET, boulev. Rochechouart, 56. — Café, restaurant.

Café-brasserie de l'Espérance, ASCHOBERLÉ, rue Ramey, 34.

Concert de la Jeune-France, rue Ramey, 37, les samedi, dimanche, lundi et jeudi. Café, billard.

Hôtel du Cheval-Blanc, F. NAUDIN, rue d'Orsel, 20. — Commerce de vins, tabacs et liqueurs.

FRÉDÉRIC GÉNIN, rue Clignancourt, 37. — Marchand de vins et liqueurs.

A la Forêt-Noire, SCHUMACKER, place Saint-Pierre, 7. — Café-Restaurant.

MASSICOT, 14, rue Muller. — Commerce de vins en gros et détail.

VEUVE FOURCADET, rue Saint-André, 27 *bis*. — Vins et liqueurs.

Brasserie Nouvelle, MAISON VICTOR, boulevard de Clichy, 34.

Café-Concert de la Nouvelle France, COLLANGE, boulevard La Chapelle, 24. — Café-Concert.

Au Grand Bock, GEORGES SITTER. — Brasserie.

ROUSSELIN, boulevard de Clichy, 86. — Vins et liqueurs.

THERANT, rue Drouot, 7. — Vins et café, déjeuners à la fourchette.

ESPARBIÉ JEUNE, rue Saint-André, 72. — Marchand de vins.

COLLINOT, boulevard Rochechouart, 62. — Marchand de vins, restaurant.

DUPUIS et CHOMEL, boulevard Rochechouart, 78. — Café-Restaurant.

Aux deux Cousins, JULES BENOIST, rue Lepic, 4. — Marchand de vins traiteur.

Hôtel du Nouveau-Monde, tenu par J. HUSARD, rue Véron, 34. — Restaurant 1er ordre, prix modérés.

Hôtel de la Nation, 3, rue de la Nation. — LEMAIRE, propriétaire, belles chambres meublées de 20 à 40 fr. par mois.

MAISON LEMARRÉ JEUNE, boulevard Rochechouart, 94. — Hôtel meublé, vins et liqueurs.

Au Caveau Rochechouart, LESCURE, boulevard Rochechouart, 15. — Marchand de vins. Bal les dimanche, lundi, jeudi, samedi et jours de fêtes.

Pavillon de la Belle Gabrielle, ERNST Aîné, quai National à Suresnes, 35. — Ecurie et remise.

BACHELIER, boulevard Rochechouart, 24. Tabacs, vins et liqueurs.

Maison Soudan, Brasserie HERMANT, boulevard Rochechouart, 16. — Vins et liqueurs.

E. NOEL, boulevard Rochechouart, 2. — Café, vins et liqueurs, brasserie, billard.

ROUSSEAU, rue des Abbesses, 37. — Vins et liqueurs.

BOURGEOIS, Aimé, rue des Abbesses, 16. — Vins et liqueurs.

DABOIS, rue Sainte-Marie, 1. — Vins, traiteur.

Maison SIMON, rue Clignancourt, 25. — Vins.

PAUA, boulevard Ornano, 2. — Vins et liqueurs.

Au banquet d'Anacréon, Maison GRINON, rue des Martyrs, 90.

MATTE, boulevard Rochechouart, 122, 124 et 126. — Hôtels et restaurants.

PAINOT, 75, rue des Martyrs. — Grand café, 6 billards.

BARICAULT, boulevard de Clichy, 16. — Vins et liqueurs.

Au Lion-d'Or, rue Clignancourt, 2. — Restaurant.

CHOCAT, rue Sevestre, 16. — Vins, liqueurs.

BOUILLIER, rue des Abbesses, 23. — Vins.

TAGOT, rue de Clignancourt, 18. — Vins et liqueurs.

DECARNIN, rue Sainte-Marie, 9. — Marchand de vins, billard, chambres et cabinets meublés.

Divers

BIZET, boulevard Rochechouart, 40. — Grande chapellerie.

COUTELAIT-DUROCHÉ, rue de la Nation, 6. — Photographe. Reproductions artistiques et industrielles.

A la Glaneuse, PIGEON, rue Clignancourt, 20. — Modes et lingerie.

LEVILLAIN-ROGER, rue Clignancourt, 22. — Boulangerie.

Grand Bazar, BOICHAUX, rue de Clignancourt, 28.

DAGONEAU, rue Clignancourt, 24. — Entreneur. Menuiserie.

DUCHÊNE, rue Clignancourt, 30. — Marchand de meubles ébéniste.

LACOUTURE, rue Clignancourt, 29. — Inventeur brévelé de la Pulchérine.

GRENIER, rue Clignancourt, 9. — Quincaillerie et serrurerie. Articles de jardinage.

Cordonnerie du Progrès, POURSON AINÉ, rue Clignancourt, 13.

Halle aux Habits, rue Clignancourt, 2.

MONGE, successeur de CHANTEMESSE, rue Clignanoourt, 15. — Coiffeur, spécialité de coiffures de mariées.

ELLIES, rue Clignancourt, 17. — Peintre d'enseignes.

GAIZELIN JEUNE. — Fabrique et réparations de voitures, location de voitures à bras à 15 centimes l'heure, 17, rue Clignancourt.

BRÉARD, 17, rue Clignancourt. — Dorure, argenterie, bronze, vernis sur métaux.

BUIZARD, rue Clignancourt, 25. — Photographe.

Aux Trois Quartiers, L'ÉPINE, rue Clignancourt, 39. — Spécialité de blanc.

Ve PESCHARD et Ce, rue Clignancourt, 41. — Horlogerie, bijouterie, joaillerie, orfévrerie.

Pâtisserie Robert, rue Clignancourt, 49. — Cuisine à glace.

PISPRÉ, rue Muller, 10. — Voitures de grande et petite remise pour mariages et cérémonies.

EMILE, rue Vameg, 9. — Grande chapellerie.

LÉON MOYSE, rue Ramey, 5. — Faïences, verreries, cristaux.

A. HERVY, rue Ramey, 6. — Vente et achat de meubles, ébéniste.

LAINÉ, rue Ramey, 29. — Marchand de chaussures.

BARBERET, boulevard Rochechouart, 50. — Maison de confiance. Lingerie pour hommes et femmes.

MARCHAND, boulevard Rochechouart, 18. — Cordonnerie.

ANCIENNE MAISON GUGNOT, boulevard Rochechouart, 3. — Quincaillerie, serrurerie.

A LA CHAUSSÉE CLIGNANCOURT, rue Rochechouart, 93, et boulevard Rochechouart, 21 bis. — Grand magasins de nouveautés.

Mme BRISET, rue Clignancourt, 3. — Boulangerie, pâtisserie.

BAPTISTE CHANGEA, boulevard Rochechouart, 40, au 1er. — Coiffure, parfumerie, brosserie et épingles.

JULES MALICOT, boulevard Rochechouart, 38. — Bazar du Delta.

Edmond PERS, rue Pierre Picard, 8. — Fabrique d'Eau de Seltz.

Veuve CAVÉ, Marché Montmartre, 254. — Chaussures en tous genres.

BLANCHARD, rue Clignancourt, 9. — Charcuterie, comestibles.

FOURNIER, rue Clignancourt, 16. — Pâtisserie, commandes pour la ville.

QUINETTE, rue Clignancourt, 35. — Literie, tapisserie. — Location.

DUBECQ, rue d'Orsel, 18. — Epicerie, comestible.

Aux Quatre Sœurs, Maison LEMARCHAND, rue Seveste, 2. — Vente et achat d'objets, réparations diverses, vêtements.

KRUSS, rue Saint-André, 1. — Tailleur.

CORMIÈRES, rue Saint-André, 2. — Charbonnier.

Arthur ROYER, rue Saint-André, 5. — Perruquier, coiffures de mariées.

Au Robinson, rue Saint-Andrée, 5. — Fabrique de parapluies.

J. TERRIASS, rue Saint-André, 15. — Fabricant, casquette et chapellerie.

POULAYON, rue Saint-André, 19. — Marchand de vins épicier.

A. TANNEUR, rue d'Orsel, 23. — Entrepreneur de peintures.

DESCHUTTER, rue Pierre Picard, 5. — Ferblantier-lampiste. Articles de ménage.

Eugène AUMONT, rue Pierre Picard, 7. — Peintre en équipages.

MORUE, Marché Montmartre, 266 et 267. — Modes et fleurs.

RIVAL, Marché Montmartre, 80, 81 et 82. — Marchand de volailles en gros et détail.

DEMLOT, Marché Saint-Pierre (Montmartre), 117 et 118. — Marchande de Marais.

E. ROCHE, passage de l'Elysée-des-Beaux-Arts. — Mécanicien. Fabrique de machines à coudre.

E. VICOME, rue Saint-André, 20. — Teinturier-dégraisseur.

A la Noisette, LAMY, rue Ronsard, 25. — Marchande à la toilette.

SUPPLY, rue d'Orsel, 21. — Entrepreneur de déménagements.

BRIDÉ, rue Seveste, 9. — Achat de morceaux et coupons de drap. Tailleur fournisseur.

Au Grand Remontoir, Maison TROUILLET, boulevard Rochechouart, 104. — Horlogerie et bijouterie.

BOURGERS, boulevard Rochechouart, 31. — Menuisier ébéniste.

DUBOIS, rue des Abbesses, 34. — Fabrique de moulures en bois.

PARISOT, rue Sainte-Marie, 6. — Entrepreneur de serrurerie.

Francis MARCEAU, rue d'Orsel, 25 et rue Seveste, 9. Succursale, Marché Saint-Pierre (Montmartre), 36, 37 et 38. — Marchand boucher.

COHIN, boulevard Rochechouart, 92. — Facteur d'instruments en cuivre.

DEBARNOT, boulevard Ornano, 10. — Horlogerie.

MARTIN, rue de la Goutte-d'Or, 57. — Meubles et marchandises.

KOCK, rue Doudeauville, 4, à La Chapelle. — Fabrique de glaces en tous genres.

GADRAT, Grande-Rue de La Chapelle, 70. — Fabricant de coutellerie.

LÉVY, rue de La Chapelle, 61. — Marchandises provenant des ventes. Epicerie, mercerie et nouveautés.

Bains Fénélon, rue Rodier, 17. — Bains à domicile, pédicure.

P. FAURÉ, manufacture de chaussures, rue du Faubourg-St-Denis, 188 et 190. — Vente au détail, rue du Delta, 12.

Grand Bain Saint-Denis, 50, faubourg Saint-Denis. — Changement de propriétaire. Transformation complète.

BOUFFLET, entrepreneur de serrurerie. — 17, rue de Clignancourt.

Au vrai Bon Marché. 72, rue Rochechouart. — F. SEGOIN, horlogerie-bijouterie-orfèvrerie neuves et d'occasion

Paris. — Imp. Robert et Buhl, 29, rue du Poirier (Montmartre).

www.ingramcontent.com/pod-product-compliance
Ingram Content Group UK Ltd.
Pitfield, Milton Keynes, MK11 3LW, UK
UKHW021815190726
13853UKWH00003B/1002